Alleen in de tent

Maria van Eeden
Tekeningen van Alice Hoogstad

Zwijsen

Nergens plek

Mattijs zit in de auto.
Hij is op reis met zijn ouders.
Nu zoeken ze een plekje voor hun tent.
Ze rijden al uren rond.
Nergens is nog plaats.
Alles is vol.

Mattijs tuurt door het raam.
Het waait hard.
De wolken jagen door de lucht.
Verder is er niet veel te zien.
Hij zucht diep.
Was Boris maar hier, denkt hij.
Boris is de grote broer van Mattijs.
Hij is grappig.
Hij weet altijd wel iets leuks.
Maar dit jaar gaat Boris niet mee.
Mattijs is alleen met zijn ouders.

Opeens geeft zijn moeder een gil.
'Kijk daar!' roept ze.
'Op dat blauwe bord.

Daarop staat een tent met een pijl!
Misschien hebben we geluk!'
De vader van Mattijs keert de auto.
Hij rijdt een stuk terug.
Dan volgt hij de pijl.

'Hier moet het zijn!' zegt hij even later.
'Hier staat weer een bord.'
Hij stopt bij een hek.
Achter dat hek is een weiland.
Je kunt zien dat er tenten staan.
De moeder van Mattijs stapt meteen uit.
'Wacht,' zegt ze.
'Ik kijk of er plek is.'

Mattijs stapt ook uit de auto.
De wind waait hem bijna omver.
Hij kijkt om zich heen.
De wei is niet groot.
Aan de ene kant stroomt een beek.
Verder ziet hij alleen bos.
Zijn moeder staat bij een tent.
Ze praat met een man en een vrouw.
Al snel komt ze weer terug.

'Het kan!' roept ze.
'Dit weitje hoort bij een boerderij.
De boer komt elke dag langs.
Morgen regel ik het.'
Mattijs is niet zo blij.
'Er is hier niets te doen!' zegt hij.
'Niet zeuren, Mattijs,' zegt zijn vader.
'Wees blij dat we een plekje hebben.
En help me nu een handje.
Dan zetten we snel de tenten op.
Er komt vast regen!'

Nacht

Een uurtje later staan er twee tenten.
Een grote en een kleine.
Net op tijd.
De eerste druppels vallen al.
Even later regent het heel hard.
'Ga maar vroeg slapen, Mattijs,' zegt zijn moeder.
'Morgen kijk je maar eens rond!'

Het is nu heel donker buiten.
Je ziet bijna niets meer.
Mattijs neemt zijn zaklamp mee.
Hij kruipt vlug zijn tent in.
Hij gaat in zijn slaapzak liggen.
De lamp laat hij aan.
De wind giert om de tent.
Het doek klappert.
Er ritselt iets buiten de tent.
Is daar soms nog iemand?
Een of ander monster misschien?
Mattijs houdt zijn adem in.
Het geluid is nu weer weg.
Was Boris maar hier, denkt Mattijs.

Alleen houd ik het niet uit.

Zijn hart bonkt wild.
Toch slaapt hij in.

Hij schrikt wakker van een luid gedreun.
Wat was dat?
Het leek wel een trein!
Dan flitst een helder licht door de tent.
Meteen daarna klinkt weer dat lawaai.
Het onweert!
Wat gaat het tekeer!
Vlug zoekt Mattijs zijn zaklamp.
Maar daar heeft hij nu niets aan.
Zijn lamp is te lang aan geweest.
Hij geeft geen licht meer.

'Papa!' roept Mattijs zo hard hij kan.
Opnieuw raast de donder door de lucht.
De regen slaat op het tentdoek.
Niemand kan zijn stem horen.

Even houdt de donder op.
Mattijs hoort nu ook een ander geluid.

Gehijg en gesnuif.
Er krast iets tegen het tentdoek.
Mattijs krimpt in elkaar.
'W-wie is d-daar?' stamelt hij.
Hij krijgt geen antwoord.
Het gekras gaat wel door.
Wat moet Mattijs doen?
Er is niemand die hem kan helpen.

Een monster?

Opeens hoort Mattijs nog iets.
Er huilt iemand.
Het klinkt als een heel klein kind.
Zou er buiten een kindje zijn?
In dit noodweer?
Mattijs vergeet dat hij bang is.
Hij kruipt zijn slaapzak uit.
Hij zoekt de rits van de tent.

Zwoesj!
Een windstoot waait de tentflap wijd open.
De storm raast zijn tent in.
Maar er komt nog iets binnen ...
Het is ijskoud en kletsnat.
Jankend springt het tegen Mattijs op.
Het voelt als een monster.
'Ga weg!!' gilt Mattijs.
Hij probeert zich los te wurmen.
Het monster is niet groot.
Toch lukt het niet.
Het monster klemt zich aan Mattijs vast.
Het monster snuift en hijgt en piept.

En dan …
Mattijs voelt warme adem op zijn gezicht.
Een zachte, natte tong likt hem.
Het is een hondje!

De bliksem flitst opnieuw.
Meteen dondert het ook weer.
De hond begint zielig te janken.
Hij snapt er niets van.
Hij is vast nog heel jong.
'Stil maar!' zegt Mattijs.
'Je hoeft niet bang te zijn.
Maar waarom ben je buiten met dit weer?
Ben je je huis kwijt?'
Hij aait het dier over zijn natte vel.
Het hondje bibbert nog steeds.
Weer geeft hij een warme lik.
'Okee, je mag blijven!' zegt Mattijs.

Nu krijgt hij het even heel druk.
Eerst moet hij de tent weer dichtdoen.
Dat is lastig als het zo waait.
Vooral met een hond in je armen.
Maar het lukt.
Daarna heeft hij iets warms nodig.
In het donker zoekt hij naar zijn trui.
Daarmee boent hij het hondje droog.
Al snel voelt hij pluizig en zacht.
Hij trilt haast niet meer.

'Kom,' zegt Mattijs.
'We gaan slapen!'
Hij kruipt terug in zijn slaapzak.
Het hondje houdt hij dicht tegen zich aan.

Het onweert nog steeds.
Maar het hondje is niet bang meer.
Rustig ligt hij tegen Mattijs aan.
Mattijs hoort hem zacht snurken.
Grappig, denkt Mattijs.
Zo klinkt Boris ook als hij slaapt.
Hij krijgt een goed idee.
'Ik noem je Bor,' fluistert hij.
'Slaap lekker, Bor!'
Dan valt hij zelf ook in slaap.

Ochtend

Het is al licht als Mattijs wakker wordt.
Hij hoort de vogels fluiten.
Even blijft hij stil liggen.
Er is iets raars.
Zijn lijf voelt zo zwaar.
Dan weet hij het weer.
Op zijn buik ligt zijn trui.
En uit die trui steekt een bruin pootje.
'Bor!' zegt Mattijs zacht.
Hij wikkelt de trui los.
Nu wordt het hondje wakker.
Eerst gaapt hij met zijn bek wijd open.
Daarna komt hij overeind.
Hij rekt zich uit.
Dan huppelt hij naar de tentdeur.
Zijn bruine staartje kwispelt.

Mattijs schiet in de lach.
'Moet je plassen?' vraagt hij.
'Wacht even, ik moet ook.'
Hij trekt zijn trui en zijn schoenen aan.
Op dat moment gaat de tent open.

'Mattijs, ben je wakker?'
Het is de stem van zijn moeder.
Haar hoofd verschijnt in de tent.
'Wat een onweer was dat vannacht!
Heb je dat nog gemerkt?
Of sliep je de hele tijd?'
Pas dan ziet ze Bor.
'Mattijs, ben je dol?' roept ze uit.
'Wat doet die hond in je tent?
Waar komt dat beest vandaan?'
Bor schrikt van haar harde stem.
Hij springt bij Mattijs in de armen.
Hij kruipt weg onder zijn trui.
'Ach, wat lief!' lacht de moeder van Mattijs.

Dan vertelt Mattijs het hele verhaal.
'En het is geen béést!' zegt hij.
'Dit is Bór!'
Hij neemt het hondje mee naar buiten.
Daar zet hij het in het natte gras.
Bor holt naar een boom.
Hij doet een grote plas.
Daarna rent hij terug naar Mattijs.
'Hij is schattig!' zegt zijn moeder.

'Maar hij is vast wel van iemand.
Je moet het maar gaan vragen.
Ga straks de tenten maar langs.
Zijn baasje zal hem wel missen!'
Mama heeft gelijk, denkt Mattijs.
Toch is hij een beetje verdrietig.

Van wie is dit hondje?

Mattijs loopt het weiland over.
Bor huppelt achter hem aan.
Bij elke tent blijft Mattijs staan.
Telkens vertelt hij zijn verhaal.
'Is hij soms van jullie?' vraagt hij dan.
'Wat lief!' hoort hij steeds.
'Wat ziet hij er grappig uit!'
Iedereen wil Bor even aaien.
Maar het antwoord is elke keer:
'Nee, dat hondje hoort niet bij ons!'

De moeder van Mattijs begrijpt er niets van.
'Hij moet toch van iemand zijn!' zegt ze.
'Waar zou hij vandaan komen?'
Mattijs vindt het niet erg.
En Bor ook niet, zo te zien.
Ze spelen en dollen met elkaar.
Alle kinderen willen meedoen.
Bor speelt ook wel met hen,
maar hij luistert alleen naar Mattijs.

Ze spelen uren lang.

Dan opeens is Bor moe.

Hij wil alleen nog maar slapen.

Mattijs zoekt een rustig plekje voor hem.

Heerlijk in de zon naast de tent.

Hij gaat er zelf naast liggen.

Lekker dicht bij elkaar.

Hij heet Bór

Een auto komt het weiland op rijden.
Er stapt een man uit.
'Hallo!' zegt hij tegen de ouders van Mattijs.
Hij loopt naar hun tent toe.
Dan ontdekt hij Bor.
Die ligt nog steeds te slapen.
'Nou ja!' zegt de man.
'Dat hondje is een jong van mijn hond.
Zo heb ik er nog drie.
Vannacht was deze opeens zoek.
Ik ben boer.
Ik woon een heel stuk verderop.'
Mattijs vertelt over de nacht.
'Nu snap ik het!' zegt de boer.
'Het komt door dat onweer.
Dan raakt een beest soms in paniek!'
'Hij is geen béést!' zegt Mattijs.
'Hij is Bór!'
Zijn moeder schiet in de lach.

'Ik neem hem meteen mee!' zegt de boer.
'Zet hem maar in de auto.'

Hij stapt zelf ook in.
Langzaam tilt Mattijs Bor op.
Het hondje wordt wakker.
Hij gaapt en hij rekt zich uit.
Zijn staartje kwispelt vrolijk.
Mattijs zet hem achter in de auto.
Meteen begint Bor te piepen.
Hij jankt als een klein kind.
Mattijs wil het niet horen.
Hij keert zich om en loopt weg.

Op dat moment springt Bor uit de auto.
Gewoon door het open raam.
Hij holt naar Mattijs toe.
De boer komt de auto weer uit.
Hij probeert Bor te pakken.
Maar die laat dat niet toe.
Hij klemt zich aan Mattijs vast.
Hij trilt over zijn hele lijf.
'Wat is dat nou, jong?' bromt de boer.
'Waarom wil je niet mee?
Kom nou maar.'
'Wacht even!' roept de moeder van Mattijs.
'Dit kan ik niet aanzien.
Mag Bor niet hier blijven?

Gewoon, zolang we hier zijn?

Dan is Mattijs ook niet meer zo alleen!'

'Tja!' zegt de boer.

Hij krabt onder zijn pet.

'Dat beest is dol op die jongen!

Er zit niets anders op!'

Hij wil weer in zijn auto stappen.

Maar nu zegt de vader van Mattijs:

'Wacht eens even.

Wij zijn hier een hele maand.

Dan wil hij vast nooit meer weg.'

De moeder van Mattijs kijkt naar Bor.

'Ja, je hebt gelijk!' zegt ze.

'Maar dat zien we dan wel weer.'

De boer geeft Mattijs een knipoog.

'Daarna zien we wel weer!' zegt hij ook.

Hij stapt in zijn auto en rijdt weg.

En Mattijs?

Die holt het weiland over.

Hij huppelt en maakt rare sprongen.

Hij lijkt zelf wel een hondje.

Serie 12 • bij kern 12 van Veilig leren lezen

Alleen in de tent
Maria van Eeden en Alice Hoogstad

Nooit meer vrienden
Dirk Nielandt en Paula Gerritsen

Op reis is alles anders
Hedie Meischke en Tineke Meirink

Wat een Billen!
Rindert Kromhout en Jan Jutte

De zon koopt een hoed
Anton van der Kolk en Els van Egeraat

Een nat verhaal
Frank Smulders en Hugo van Look

Van wie is de zee?
Erik van Os & Elle van Lieshout
en Mark Janssen

Een beest in de nacht
Monique van der Zanden en Helen van Vliet

STICHTING NEDERLANDSE
KINDERJURY
2006

ISBN 90.276.6136.7
NUR 287

Vormgeving: Rob Galema

1e druk 2005

© 2005 Tekst: Maria van Eeden
Illustraties: Alice Hoogstad
Uitgeverij Zwijsen B.V. Tilburg

Voor België:
Zwijsen-Infoboek, Meerhout
D/2005/1919/362